Mi maestra me enseña
a escribir.

Mi maestra me enseña
a compartir.

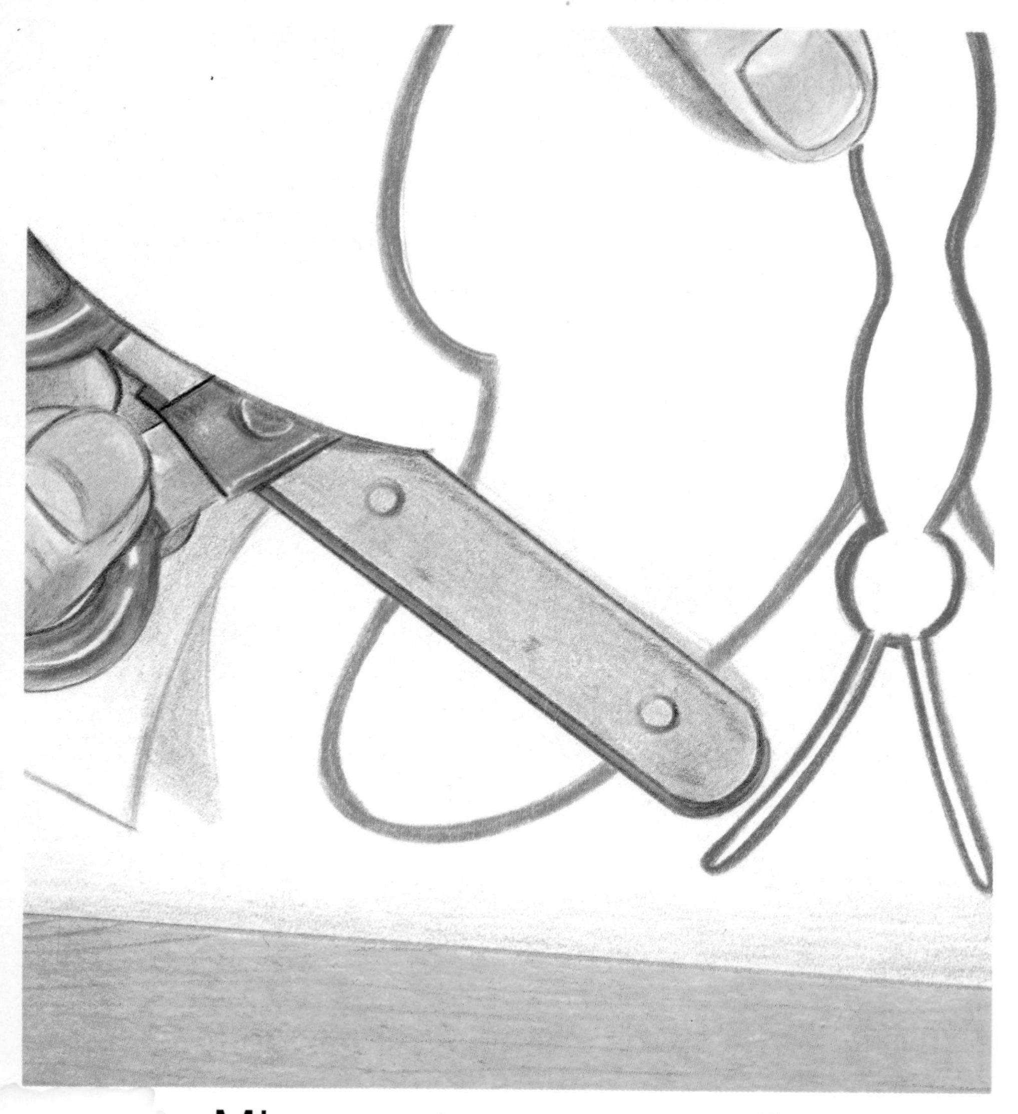

Mi maestra me enseña
a cortar.

Mi maestra me enseña
a dibujar.

Mi maestra me enseña

a contar.

Mi maestra me enseña
a sumar.

Mi maestra me enseña
a leer.

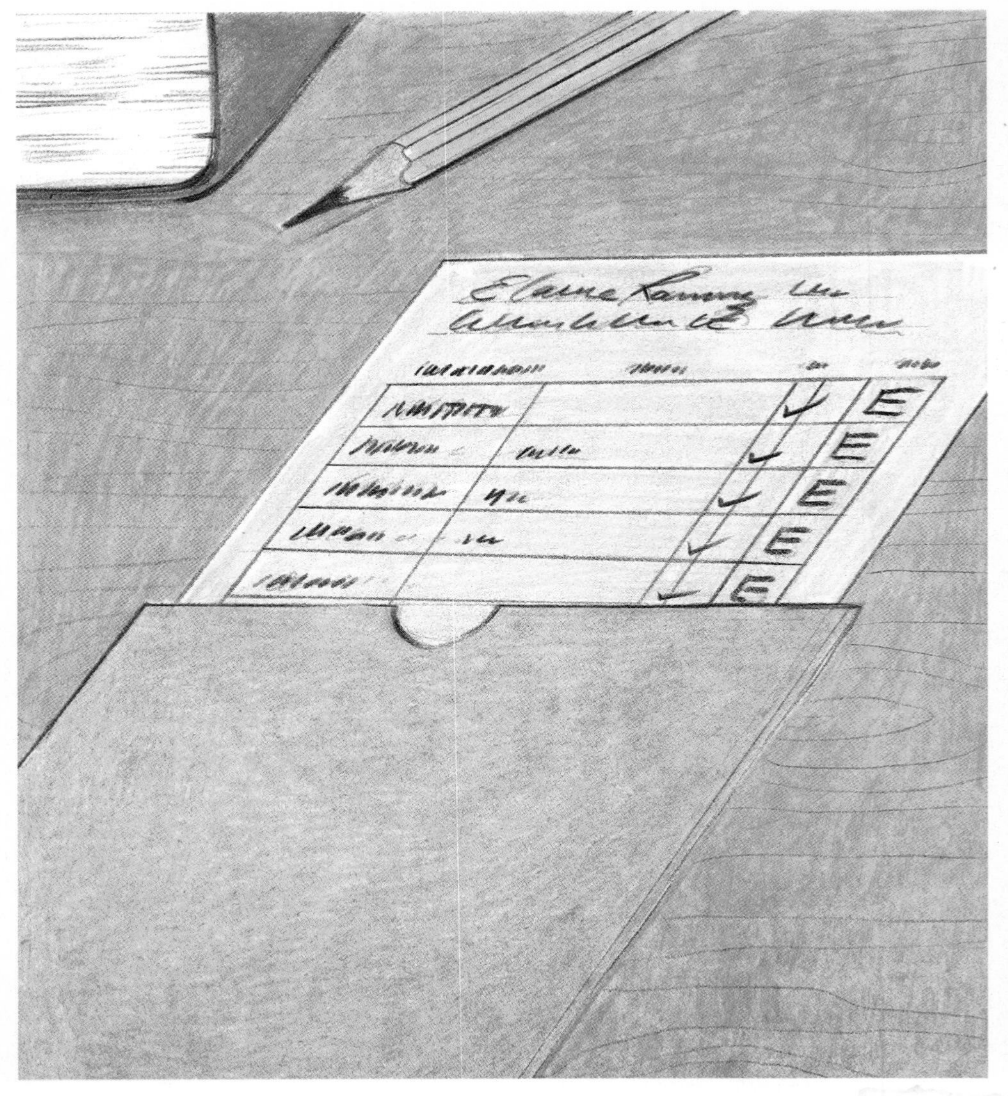

Mi maestra me enseña
a aprender.